AF245425

INSTITUT DE DROIT INTERNATIONAL

SESSION DE PARIS (1910)

RÉGIME JURIDIQUE DES AÉROSTATS

Projet de convention sur le régime des aérostats [1] en temps de paix

Rapport de M. PAUL FAUCHILLE, rapporteur [2]

Depuis le jour où, en 1902, à la session de Bruxelles, j'ai présenté à l'Institut de droit international un rapport et un projet de règlement sur le régime juridique des aérostats (v. *Annuaire*, t. XIX, p. 19 et suiv.), l'aérostation a fait des progrès considérables : la dirigeabilité des ballons, qui n'était alors qu'une espérance, est devenue une réalité, et on a créé, à côté des dirigeables, des appareils plus lourds que l'air, également capables de naviguer dans l'atmosphère. Les sciences connexes à l'aérostation ont pris de même un important développement : la photographie qui, appliquée aux ouvrages de défense, n'était en 1902 vraiment utile que jusqu'à 1500 mètres est désormais efficace aux plus grandes

---

(1) Le mot *aérostat* est pris dans son sens le plus large ; il comprend tous les véhicules aériens ; le mot *aéronef* serait peut-être plus exact.

(2) Ce projet et le projet suivant, de M. de Bar, ont été communiqués à l'Institut de Droit International dans le cours de la Session de Paris, en 1910.

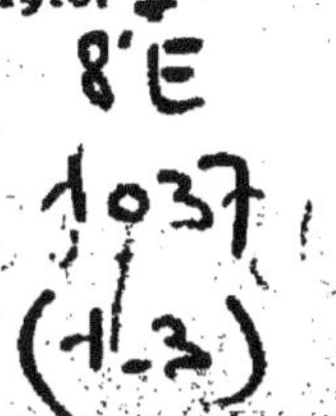

hauteurs. De tels changements devaient nécessairement influer sur les idées des juristes. Il était donc nécessaire de soumettre à l'Institut un projet nouveau sur la matière.

Deux différences principales distinguent ce projet du précédent. Tout d'abord, il revêt la forme d'une convention internationale, car, dans l'état actuel des choses, il paraît désirable que le régime juridique des aérostats fasse l'objet d'une entente entre les Etats. Il se réduit, d'autre part, à l'examen du sujet pour le temps de paix : la navigation aérienne pendant la guerre n'a pas encore été assez approfondie pour donner lieu à des résolutions qui ne soient pas purement théoriques.

Il convient, ici, de faire avant tout une œuvre pratique. C'est en m'inspirant de cette idée que j'ai envisagé notamment la question de la circulation des aérostats dans l'atmosphère. Au lieu de chercher à déterminer le principe auquel celle-ci doit-être soumise, je me suis préoccupé uniquement du résultat qu'il est souhaitable d'atteindre. Je n'ai donc pas examiné si l'espace doit être déclaré libre ou assujetti à la souveraineté des Etats, je me suis contenté de proclamer « la liberté de la *circulation aérienne* », en réservant aux Etats sous-jacents « les droits nécessaires à leur conservation, c'est-à-dire à leur propre sécurité et à celle des personnes et des biens de leurs habitants » (article 7). Une pareille formule, au surplus, est de nature à satisfaire aussi bien ceux qui considèrent l'atmosphère comme une *res nullius* ou, ce qui revient au même, comme une *res communis*, que ceux qui y voient une partie du territoire des Etats, puisque ces derniers sont obligés par la force des choses de reconnaître aux aérostats un « droit de passage innocent » à travers l'espace.

Tel est l'unique motif qui m'a fait exclure du projet l'examen de la question théorique de la liberté ou de la souveraineté de l'air. Je persiste, en effet, à croire que, sur ce point, la vérité est que « l'air est libre », « les Etats n'ayant sur lui, en temps de paix et en temps de guerre, que les droits nécessaires à leur conservation ». La nature de l'atmosphère me parait toujours s'accorder assez mal avec l'idée de souveraineté. Et, d'autre part, cette dernière idée semble bien, par elle-même, contraire à toute limitation: on est souverain ou on ne l'est pas, on ne saurait l'être à moitié. On ne peut donc parler vraiment d'un droit de passage innocent dans les airs quand l'État territorial en a la souveraineté. Un Etat, s'il est souverain de l'espace, doit pouvoir le fermer entièrement à la navigation aérienne et ainsi être à même de rendre celle-ci impraticable en fait!

Sur quel fondement, en réalité, la théorie de la souveraineté peut-elle s'appuyer? L'Etat, évidemment, n'est point souverain de l'espace par le canon, ou par la vue, car alors la souveraineté sur l'atmosphère serait instable et jamais fixée, et, là où elle existerait, elle pourrait limiter à l'excès la libre circulation des aérostats: la portée du canon, notamment, est aujourd'hui considérable. Un Etat ne saurait être souverain de l'espace que par l'une des deux raisons suivantes : 1º soit parce qu'il a la possibilité d'y envoyer des aérostats qui y feront sentir son empire, 2º soit parce qu'il ne peut être envisagé abstraction faite de l'atmosphère qui l'entoure: l'espace, étant uni au sol par la nature même, en est inséparable.

Mais des objections apparaissent aussitôt contre chacune de ces conceptions.

Avec la première c'est moins à la souveraineté exclusive de l'Etat qu'elle environne que l'atmosphère devrait être soumise, qu'à celle de tous les Etats quelconques. Chaque Etat, en effet, est à même d'envoyer ses aérostats non seulement au dessus de son propre domaine mais aussi au dessus du territoire des autres Etats, dans toutes les parties de l'espace. L'atmosphère sera donc susceptible d'une souveraineté *commune* : l'espace formera une *res communis*. Mais, s'il en est ainsi, le système de la souveraineté mène en définitive à celui de la liberté, car dire d'une chose qu'elle appartient à tout le monde n'est-ce pas dire qu'elle n'appartient à personne? Pourquoi, alors, ne point admettre dès l'abord cette dernière solution ?

Le second fondement que peut avoir la théorie de la souveraineté entraine, pour le temps de guerre, un résultat qui le rend également inadmissible. Si on déclare l'atmosphère libre, la fraction de celle-ci qui domine un pays neutre sera fermée aux actes d'hostilités des belligérants, mais elle ne le sera pas au simple passage de leurs flottes aériennes ; elle devra au contraire être interdite même à ce passage, si on envisage l'espace comme un accessoire inséparable du sol de l'Etat sous-jacent, puisque, d'après les principes du droit international, les forces belligérantes ne peuvent traverser librement le territoire continental d'un neutre. Qui ne voit à quelle conséquence inacceptable aboutit ce dernier système? Il conduit, dans la réalité, à créer entre les Etats une véritable inégalité au point de vue de l'usage des aérostats comme moyen de guerre. Comment, en effet, avec lui, feront, pour se rejoindre dans leur atmosphère et s'y battre, les flottes aériennes des belligérants qui sont séparés par un pays neutre et sont incapables de communiquer entre eux par dessus la mer ? C'est le cas, par exemple, de la Grèce et de la Bulgarie.

En réservant sur l'atmosphère libre les intérêts légitimes des Etats résultant de leur droit de conservation, on ne fait point une réserve vague et incertaine. L'idée du droit de conservation, universellement admise en droit des gens, est en effet suffisamment précise. Elle l'est, dans tous les cas, beaucoup plus que la conception du droit de passage *innocent* que doivent admettre les partisans du principe de la souveraineté. Quand pourra-t-on dire vraiment que le passage d'un aérostat est innocent ? Tel Etat ne jugera-t-il pas dangereuse une circulation qu'un autre considérera comme inoffensive? Un Etat ne pourra-t-il point refuser de déclarer innocent le passage d'un ballon même aux plus grandes hauteurs, par la raison que la chute ou le jet causeront toujours des dégats sur le sol? Bien plus que le droit de passage innocent, le droit de conservation des Etats est susceptible de règles fixes et uniformes. Avec le droit de passage inoffensif, dont la conception est variable suivant chaque Etat, la circulation des aéronefs sera soumise, au dessus des différents pays, à des conditions souvent si contraires qu'elle en éprouvera une gêne considérable. Dira-t-on que l'idée du droit de conservation conduit à fixer dans l'atmosphère une limite en deça de laquelle les aérostats ne devront pas descendre, et qu'en fait il sera difficile, si non impossible, de déterminer cette limite comme d'établir exactement si un aérostat l'a ou non dépassée? Mais la même objection peut être également faite à la théorie du droit de passage innocent, car l'innocence du passage d'un aérostat dépendra en général de son altitude! Il y a, d'ailleurs, quelque exagération dans cette objection. Dans l'état actuel de la science, les aéronautes, avec les instruments qu'ils emportent, peuvent toujours évaluer avec exactitude la distance à laquelle ils se trouvent de la terre, et il existe des appareils qui permettent de calculer du sol la hauteur d'un aérostat dans l'espace. Les mêmes difficultés n'existent-elles pas aussi sur la mer pour fixer, à partir des côtes, qui peuvent être comme la surface de la terre des plus irrégulières, la limite des eaux territoriales et pour savoir si un navire se trouve en dehors ou en dedans de ces eaux? Elles n'ont point, cependant, paru insurmontables.

Dans mon nouveau projet, je me suis borné à dire (article 8) que, « pour sauvegarder leur droit de conservation, les Etats peuvent fermer à la circulation certaines régions de l'atmosphère », sans fixer d'une manière précise l'altitude à laquelle les aérostats devront se tenir au dessus du sol. C'est là une différence avec mes résolutions de 1902. Si j'ai procédé de la sorte, c'est qu'étant donnée la situation présente de la science aéronautique, l'établissement d'une limite déterminée serait encore peut-être un peu prématuré. Mais je ne pense pas qu'il faille laisser à chaque Etat le soin de réglementer à sa guise la distance que doit observer la navigation aérienne. En effet, pour la facilité de la circulation, il importe que cette distance soit partout la même : une entente entre les Etats apparaît ici comme nécessaire.

A quelle limite pourrait-on soumettre la circulation des aérostats? En 1902, j'avais proposé une altitude de 1.500 mètres afin de protéger les Etats contre les dangers de l'espionnage : c'était alors jusqu'à cette hauteur qu'il était possible de photographier utilement les ouvrages de défense. Cette solution doit être abandonnée. L'expérience a montré que les dirigeables et les appareils d'aviation ne peuvent aujourd'hui *normalement* atteindre l'altitude de 1.500 mètres, et la photographie aéronautique est maintenant efficace aux plus grandes hauteurs. Dans ces conditions, il convient de séparer la question de l'espionnage de celle de l'altitude à imposer aux aéronautes. Celle-ci doit être déterminée uniquement par la nécessité d'assurer la sécurité des populations, de les protéger contre les indiscrétions des aérostats et le bruit de leurs moteurs; et, pour cela, il semble bien qu'actuellement une limite de 500 mètres soit suffisante (v. notre article : *La circulation aérienne et les droits des Etats en temps de paix*, dans la *Revue générale de droit international public*, 1910, p. 55). Quant aux garanties à prendre contre l'espionnage, elles consisteront dans une double règle : 1° Il sera complètement interdit aux aérostats de circuler au dessus et aux alentours des ouvrages fortifiés, dans un rayon indiqué par l'autorité militaire. 2° Il sera défendu aux ballons et aux aéroplanes d'emporter dans les airs des appareils photographiques, à moins d'une autorisation spéciale des administrations des territoires au dessus desquels ils circulent. C'est ce système que consacrent les articles 8 et 11 du projet.

La navigation aérienne en temps de paix implique la solution de nombreuses questions qui se réfèrent aux idées les plus diverses.

Il faut d'abord se préoccuper de la sécurité des personnes et des marchandises qui sont à bord d'un aérostat. A cette fin on exigera de celui-ci qu'il soit pourvu, pour naviguer, d'un permis de circulation (article 5). Son pilote sera, en outre, muni d'un certificat de capacité délivré dans des conditions particulières (article 6).

Le droit de conservation des Etats sous-jacents doit être aussi garanti. On défendra donc aux aérostats militaires et de police d'un Etat de naviguer dans l'atmosphère des autres nations, sans une autorisation du pays au-dessus duquel ils veulent circuler ou dans lequel ils se proposent d'atterrir (article 10). D'autre part, aucun aérostat privé ne pourra transporter à son bord des explosifs, des armes et des munitions de guerre; la même interdiction s'appliquera, à moins d'une permission spéciale, aux appareils de radiotélégraphie (article 11). Enfin, les Etats doivent se protéger contre l'introduction, en violation des droits de douane, des marchandises étrangères; à cet égard, la solution était difficile à trouver, car il faut préserver les intérêts économiques des Etats sans entraver la circulation aérienne : on soumettra à certaines prescriptions, au départ et à l'atterrissage, les aérostats chargés de marchandises (articles 17 et 19) et on défendra aux aéronautes le transport de marchandises déterminées (article 12).

On peut concevoir que certains évènements, des contrats ou des délits, se passent à bord des aérostats. Ils seront déférés aux tribunaux et assujettis aux lois de l'Etat auquel les aérostats appartiennent, à moins qu'ils n'intéressent l'Etat sous-jacent (article 13).

Il importe enfin, au point de vue de la circulation, de faciliter les communications des aérostats et d'empêcher, tout au moins de réglementer leurs collisions. Les prescriptions à cet égard doivent s'inspirer de la pratique suivie pour la navigation maritime (articles 14 et 15).

Mais un projet de règlement sur le régime juridique des aérostats serait incomplet s'il envisageait simplement ce qui concerne leur circulation. Il doit encore s'occuper des véhicules aériens en les considérant en eux-mêmes et en prévoyant leur départ du sol et leur arrivée sur le territoire. C'est l'objet du chapitre I et du chapitre III du projet.

Au premier point de vue, on a déterminé les diverses espèces d'aérostats, suivant le service auquel ils sont affectés. On distingue des aéronefs privés et publics, et parmi ceux-ci des aéronefs militaires et civils (article 1). Cette distinction ne laisse pas de présenter en fait certaines difficultés. Tout aérostat doit avoir une nationalité, et n'en avoir qu'une seule. Comment l'établir? Ce problème est prévu par l'article 2. Il faut, de plus, qu'un aéronef ait un état civil qui permette de l'identifier, et il importe à plusieurs égards qu'on puisse le faire tandis qu'il circule dans les airs. A cette fin des formalités particulières ont été édictées (articles 3 et 4).

Un appareil ne saurait quitter le territoire sans avoir à son bord des pièces qui constatent qu'il remplit toutes les conditions imposées pour sa circulation. On a indiqué ces différentes pièces (article 16). D'autres formalités doivent encore, dans certains cas, être exigées au départ; elles sont mentionnées dans l'article 17.

En quels endroits et de quelle manière un aérostat peut-il atterrir? A quelles règles est-il soumis dans le pays qu'il accoste, notamment au point de vue douanier, tant pour lui-même que pour ses marchandises? Les aérostats publics jouiront-ils à l'étranger des privilèges de l'exterritorialité? Comment sera réglementée l'assistance d'un aérostat dans les airs, à terre ou en mer? Quels sont les droits et les obligations de ceux qui rencontrent une épave aérienne? Ces différentes questions sont tranchées par les articles 18 à 27 du projet.

Projet de Convention

CHAPITRE I

Des aérostats

Article premier. — Les aérostats sont publics et privés. Les aérostats publics sont militaires ou civils.

Art. 2. — Tout aérostat doit avoir une nationalité. La nationalité des aérostats publics est celle de l'Etat au service duquel ils sont affectés. Celle des aérostats privés est déterminée par celle de leur propriétaire.

Art. 3. — Tout aérostat doit être immatriculé sur une liste dressée par l'autorité publique de l'Etat dont il dépend ou du pays où réside son propriétaire.

L'immatriculation indiquera le nom et l'espèce de l'aérostat, le nom et l'adresse de son propriétaire.

La législation de chaque Etat fixe les lieux où les immatriculations doivent être faites et l'autorité qui en est chargée.

Les différents Etats échangeront entre eux les listes des aérostats inscrits.

Art. 4. — Chaque aérostat doit avoir, rivée à sa nacelle, une plaque d'identité mentionnant le nom et la résidence du propriétaire, le nom du constructeur et le numéro de fabrication.

Il portera, d'autre part, de façon apparente, sur son enveloppe : 1° une lettre correspondant au pays où il a été inscrit; 2° une lettre correspondant à la circonscription où il a été immatriculé; 3° un chiffre reproduisant le numéro d'inscription sur la liste.

Si un aérostat n'a pas la nationalité du pays où il a été inscrit, il portera en outre la lettre du pays de sa nationalité.

Le pavillon national indiquera le caractère public des aérostats.

Chapitre II

De la circulation des aérostats

Art. 5. — Pour être admis à circuler, tout aérostat privé doit avoir un permis de circulation indiquant sa nationalité et les dispositions essentielles de l'appareil.

Dans chaque Etat un règlement intérieur déterminera les conditions auxquelles seront délivrés, après un essai de navigabilité, les permis de circulation aérienne.

Le permis délivré dans un des Etats contractants sera valable dans les autres Etats.

A toute époque, le service compétent aura le droit de visiter les aérostats admis à circuler. Le permis de circulation sera retiré aux aérostats qui ne rempliraient plus les conditions requises pour naviguer.

Art. 6. — Tout pilote d'un aérostat privé doit être muni d'un certificat délivré, après examen, par une autorité compétente.

Il y aura des certificats particuliers pour les ballons libres, pour les ballons dirigeables et pour les appareils d'aviation.

Le certificat délivré pour une catégorie d'aérostats ne peut servir pour la conduite d'un appareil appartenant à une autre catégorie. Les différents certificats peuvent être délivrés à un même pilote.

Les conditions exigées pour obtenir le certificat de capacité doivent être au moins les suivantes : 1° être âgé de plus de 18 ans; 2° avoir une bonne vue; 3° n'avoir pas été condamné à des peines criminelles ou correctionnelles.

Les certificats délivrés dans un des pays contractants ont effet dans les autres pays.

Un étranger peut, comme un national, obtenir le certificat de capacité.

Art. 7. — La circulation aérienne est libre. Néanmoins les Etats sous-jacents gardent les droits nécessaires à leur conservation, c'est-à-dire à leur propre sécurité et à celle des personnes et des biens de leurs habitants.

Art. 8. — Pour sauvegarder leur droit de conservation, les Etats peuvent fermer à la circulation certaines régions de l'atmosphère. Ils ont notamment le droit d'interdire la navigation au-dessus ou aux alentours des ouvrages fortifiés.

Les parties de territoire au-dessus desquelles il est défendu de circuler seront déterminées par des marques visibles pour les aéronautes.

Art. 9. — La circulation des aérostats est entièrement libre au-dessus de la pleine mer et des territoires sans maître.

Art. 10. — Les aérostats militaires et de police ne peuvent franchir la frontière de leur pays qu'avec l'autorisation de l'Etat au-dessus duquel ils veulent circuler ou dans lequel ils se proposent d'atterrir.

Art. 11. — Dans la circulation internationale, il est interdit de transporter, à bord des aérostats privés, des explosifs, des armes et des munitions de guerre. La même interdiction s'applique en principe aux appareils de photographie et de radiotélégraphie : cette interdiction peut être levée par les administrations des territoires au-dessus desquels circulent les aérostats.

Art. 12. — Est, de même, interdit aux aérostats le transport de marchandises prohibées ou soumises à un monopole, ou même de marchandises comportant l'application de droits de douane élevés sous un faible volume et qui devront être déterminées limitativement.

Art. 13. — Les actes passés à bord des aérostats publics et privés tombent sous la compétence des tribunaux de l'État auquel appartiennent les aérostats et sont jugés selon les lois de cet État.

Toutefois, les actes portant atteinte au droit de conservation de l'État sous-jacent, ou qui causent un dommage à son territoire ainsi qu'aux biens ou aux personnes de ses habitants, doivent être jugés par les tribunaux et selon les lois de l'État territorial.

Art. 14. — En cas d'abordage survenu entre des aérostats dans une partie quelconque de l'atmosphère, les tribunaux et les lois compétents pour apprécier et régler les responsabilités sont ceux du pays de ces aérostats. Lorsque les deux aérostats sont de nationalités différentes, on suivra, pour décider laquelle des deux législations nationales est applicable, les mêmes règles qu'en cas d'abordage de deux navires étrangers en pleine mer.

Art. 15. — Un règlement international, annexé à la présente convention, qui entrera en application en même temps qu'elle et demeurera en vigueur jusqu'à ce qu'il ait été modifié d'un commun accord, déterminera les prescriptions particulières en vue de prévenir les collisions et de faciliter les communications entre les aérostats. On s'inspirera, pour établir ces prescriptions, de la pratique suivie pour la navigation maritime.

CHAPITRE III

Du départ et de l'atterrissage des aérostats

Art. 16. — Tout aérostat privé doit avoir à bord et présenter à toute réquisition : 1° le permis de circulation; 2° le certificat de capacité du pilote; 3° s'il transporte des marchandises, un manifeste établi dans les conditions prévues à l'article suivant; 4° un livre de bord où seront inscrits les noms du pilote et des hommes d'équipage, les noms, professions et domiciles des voyageurs ainsi que les événements intéressants du voyage.

Le livre de bord est seul exigé des aérostats publics.

Art. 17. — Nulle formalité n'est imposée aux aérostats qui quittent le territoire sans marchandises.

Au contraire, les aérostats chargés de marchandises doivent se munir d'un manifeste établi au lieu de leur chargement et visé par l'autorité fiscale compétente.

La police et les agents du fisc auront, dans tous les cas, la faculté de visiter les aérostats au départ.

Art. 18. — Tout aérostat qui veut atterrir indiquera son intention par un signal spécial, déterminé au règlement annexé à la convention.

Art. 19. — Chaque État peut interdire l'atterrissage des aérostats dans certaines parties de son territoire, déterminées par des marques visibles pour les aéronautes.

Les aérostats transportant des marchandises ne peuvent atterrir qu'en des points désignés.

Art. 20. — Les États ont le droit de défendre l'atterrissage, sur leur territoire, des aérostats venant d'un pays contaminé, dans les mêmes conditions qu'en ce qui concerne les véhicules terrestres et les navires.

Art. 21. — Aussitôt après l'atterrissage d'un aérostat, le pilote doit en donner avis aux autorités de la localité la plus voisine. Celles-ci, après la vérification de l'identité de l'aérostat, l'examen du chargement et l'accomplissement des formalités prescrites par les lois fiscales, apposeront leur visa sur le livre de bord. L'aérostat porteur de marchandises devra présenter son manifeste. Le personnel du bord doit se conformer aux dispositions de la législation douanière du pays d'atterrissage.

Art. 22. — Les aérostats atterrissant en pays étranger et destinés à être réexportés bénéficieront, ainsi que leur équipement, du régime de l'acquit à caution ou de la consignation des droits.

Art. 23. — Les aérostats et leurs divers agrès sont, dans le pays dont ils dépendent, par le service de la douane et au besoin des contributions indirectes, munis, suivant la nature des objets, d'un timbre à l'encre indélébile ou d'un plomb d'identité ; et, ainsi estampillés et plombés, ils seront, au retour dans leur pays, réadmis en franchise. Les objets non marqués seront seuls soumis à l'acquittement des droits de douane.

Art. 24. — Les aérostats publics, en pays étranger, ont droit aux privilèges de l'exterritorialité.

Art. 25. — Les autorités des Etats contractants doivent, en cas d'atterrissage ou de détresse d'un aérostat, lui prêter aide et protection ; elles doivent instruire la population des mesures nécessaires en pareil cas.

Art. 26. — Celui qui trouve, à terre ou en mer, une épave aérienne doit en faire la déclaration à l'autorité municipale de la localité voisine ou du premier port où il abordera, dans les 24 heures de l'invention ou de l'entrée au port.

L'épave, si elle peut être identifiée, sera restituée à son propriétaire, qui remboursera ses frais au sauveteur et lui payera une rémunération de 5 % de la valeur de l'épave. Au cas contraire, elle restera entre les mains de l'autorité ;

la législation intérieure de chaque Etat détermine le délai pendant lequel le propriétaire de l'épave peut utilement la réclamer.

Art. 27. — Sur la demande des intéressés, l'assistance d'un aérostat, dans les airs, à terre ou en mer, doit lui être fournie dans la mesure du possible. L'assistant devra recevoir le remboursement de ses dépenses et une rémunération convenable.

30 mars 1910.

Observations et projet sur le régime des aérostats par M. Von Bar.

Je m'excuse de présenter sur l'importante matière de la navigation aérienne quelques observations qui ne cadrent pas complètement avec mes idées antérieures ni avec celles de l'éminent rapporteur, M. Fauchille (Règlement de 1902, *Annuaire*, t. XIX, p. 19 et suiv.), sur les attributions duquel j'empiète peut-être.

J'y ai été déterminé par l'importance du sujet et par son urgence relative. Je me plais à rendre hommage à la haute compétence du rapporteur et lui soumets, ainsi qu'à l'Institut, mes observations générales et les propositions qui suivent.

Il y a deux manières de concevoir le régime juridique de l'air. Elles semblent tout à fait opposées. L'une considère l'air comme une dépendance du sol, l'autre estime que l'air est libre, conformément à l'opinion de notre éminent collègue M. Fauchille, et que l'État, sur le territoire duquel s'étend une partie de l'atmosphère n'a que les droits nécessaires au maintien de sa sûreté et de l'ordre du territoire. Quant aux résultats pratiques, les deux théories reviennent cependant à peu près au même, la souveraineté comme la propriété privée expirant là où il n'y a plus d'intérêt à la faire valoir. Inutile de dire que les deux théories se confondent, en ce qui concerne les parties du globe où il n'y a pas de souveraineté territoriale, dans les parties de l'atmosphère enveloppant la pleine mer ou des territoires n'appartenant à aucun État.

En laissant donc de côté les controverses de théories on est induit à appliquer par analogie les règles relatives au régime de la mer territoriale. Les aérostats de toutes les nations auraient dès lors le droit de passage inoffensif partout.

Mais devrait-on établir une zone qui serait traitée comme le territoire lui même jusqu'à une hauteur de 1500 mètres, par exemple, et en dehors de laquelle toute domination serait absolument inefficace? Et quelles seraient les lois civiles et pénales qui régiraient les personnes à bord des aérostats, soit dans cette zone, soit à une élévation qui la dépasserait?

De quelle manière l'Etat auquel appartient le territoire pourrait-il se garantir contre les dommages causés par les aérostats, contre la violation de ses lois, par exemple de ses lois de douane, commise par l'équipage d'un aérostat, ou de ses lois contre l'espionnage en temps de paix? Et de quelle manière, en présence du développement croissant de la navigation aérienne, pourrait-on établir et maintenir une police de sûreté, dans l'intérêt de la navigation aérienne elle-même et des habitants du territoire et de leurs propriétés?

Un examen plus attentif de la question permet de constater que l'analogie du régime juridique de la mer territoriale n'est pas tout à fait exacte. A une distance assez grande l'artillerie, même d'un navire de guerre, ne peut pas occasionner des dégâts à la côte de l'Etat riverain. Par contre, comme l'observe très bien M. Westlake, la grande élévation d'un aérostat quelconque n'empêche pas toujours son équipage d'endommager des objets situés en dessous. Parfois même le danger de dommages et de lésions de personnes augmente avec l'élévation de la nacelle. De même, s'il est souvent difficile de déterminer où un vaisseau se trouve en pleine mer ou dans la mer territoriale, il est presque toujours plus difficile encore de constater si un ballon se trouve à une élévation déterminée. En outre, comme on ne pourra problablement jamais dominer l'air dans la même mesure que la mer, la défense d'entrer dans une zone inférieure ou de franchir dans les airs la frontière d'un territoire ne sera que trop souvent violée par nécessité. Plus souvent encore, le conducteur d'un aérostat alléguera, comme excuse ou justification de ses actes, l'erreur ou la nécessité ou sa prétendue impuissance à lutter contre un courant atmosphérique, de sorte que toute dé-

fense d'entrer dans une zone quelconque à une distance déterminée du sol, serait facilement éludée. L'idée de la détermi-
nation d'une zone pour la navigation libre, idée que j'ai crue
moi-même juste et rationnelle, doit donc être abandonnée.

De même une police préventive exercée par des agents de
police ne serait pas d'une grande efficacité, la difficulté d'empêcher les infractions et de poursuivre les coupables devant
être d'ordinaire très considérable, et plus considérable encore
celle de s'apercevoir, en temps utile, d'une contravention
commise.

En conséquence, comme tout le monde est d'accord qu'il
faut favoriser la navigation aérienne, le principe fondamental
doit être que, sauf quelques exceptions, les aérostats circulent
librement, qu'ils soient régis partout par la loi de l'Etat dont
ils portent le pavillon et qu'aucun Etat ne tolère le départ
d'un aérostat s'il n'est sous la direction d'un conducteur
approuvé par l'autorité compétente de l'Etat d'origine. Un
accord international devrait fixer les règles de police aérienne
afin d'éviter des abordages, des descentes nuisibles aux bâti-
ments, etc.. et l'Etat dans le territoire duquel se seraient
produits des dommages résultant de la violation de ces règles
aurait, de même que l'Etat auquel l'aérostat appartient, le
droit de punir les coupables, la prévention s'effectuant prin-
cipalement par la répression. Chaque Etat aurait, cela va sans
dire. le droit de publier des lois de police *particulières*, nécessaires pour la protection d'établissements d'un genre spécial
n'existant point dans d'autres pays.

Une répression exercée de cette manière suffirait probable-
ment même contre la contrebande, parce qu'il est assez difficile de jeter des marchandises d'une hauteur considérable
(100 mètres par exemple) sans les endommager, et de les faire
parvenir à une place où le destinataire les trouverait sans se
trahir en nombre de cas. Et si, par une convention internationale, les Etats s'obligent à ne donner des papiers de légiti-

mation pour la navigation aérienne qu'aux personnes respectables, le danger d'infraction aux lois de douane ne sera pas considérable. En cas d'abordage, on appliquerait, quant au droit pénal, la loi du navire abordant (comme le propose M. Fauchille), et quant au droit civil, on appliquerait la loi du navire abordé, si cette loi est plus favorable au défendeur.

Pour les aérostats se trouvant en l'air et sans contact avec le sol, ils devraient être régis, en principe, à quelque distance qu'ils soient de celui-ci, par leur loi nationale. L'application de toute autre loi entrainerait des difficultés et des controverses presque insurmontables.

Les aérostats *affectés au service de l'Etat* seraient traités de la même manière que les aérostats privés; seulement, en cas d'atterrissement, ils jouiraient du privilège d'exterritorialité, et l'Etat auquel appartient le territoire au dessus duquel ils passent ne pourrait exercer des mesures de contrainte vis à vis d'eux, sauf les cas d'une nécessité véritable.

Les *ballons captifs* n'offrent pas de difficulté. Ils sont de droit soumis à la souveraineté de l'Etat au territoire duquel ils sont attachés. Mais, comme M. Fauchille le propose très justement, ils ne devraient pas être installés tout près de la frontière d'un autre Etat (à une distance moindre de 1500 m. par exemple). Un ballon captif qui s'échapperait serait traité comme un aérostat national du pays où il était attaché.

Un règlement international établirait des prescriptions pour les signaux, les fanaux allumés pendant la nuit, etc. (V. Art. 20 du projet de M. Fauchille).

Quant à *l'état de guerre*, M. Fauchille applique en général par analogie les règles de la guerre maritime. Il me semble cependant, comme l'a dit déjà M. Meurer (*Das Luftschiffarts recht*, München, Berlin, 1909 p. 30 et suiv.), qu'il y a des différences assez importantes. Par exemple, le droit des belligérants de s'emparer des navires de commerce et de les confisquer ne devrait pas, selon mon opinion, et selon celle de M. Meurer, être étendu aux aérostats privés ennemis, les aérostats privés n'augmentant pas considérablement la force de résistance de l'ennemi, et d'autre part la chasse aux aérostats entraînant des dangers pour la navigation en général sans être d'une efficacité réelle. De même, on ne devrait pas admettre le droit de confisquer des marchandises comme contrebande en dehors des zones atmosphériques enveloppant les territoires des Etats belligérants.

En somme, la question du régime juridique des aérostats en temps de guerre ne semble pas assez approfondie pour former l'objet de résolutions de l'Institut. Les questions concernant leur régime en temps de paix sont actuellement plus urgentes. Et, comme on peut espérer que la paix est assurée aujoud'hui, rien ne s'oppose à ce que l'on ajourne jusqu'à la prochaine session l'examen de la question du régime des aérostats en temps de guerre.

RÈGLEMENT

Etat de paix.

ART. 1.

§ 1. Les aérostats affectés au transport de personnes ou de marchandises doivent être inscrits dans des registres officiels.

§ 2. L'aérostat inscrit dans le registre officiel d'un Etat est réputé navire aérien national du dit Etat.

§ 3. Ne seront inscrits dans les registres d'un Etat que les aérostats dont les propriétaires sont nationaux ou des sociétés ayant leur siège dans cet Etat. Sont de même nationaux les aérostats appartenant à des propriétaires qui sont sujets de l'Etat.

§ 4. Chaque aérostat portera une enseigne et un pavillon indiquant la nationalité et le port d'attache. Il portera de même un numéro et un nom spécial.

§ 5. Le conducteur n'aura pas (sauf quelques exceptions déterminées par la loi) une nationalité différente de celle de l'aérostat : il devra passer un examen et sera muni de papiers de légitimation.

ART. 2.

L'ascension d'un aérostat non inscrit, et sans conducteur qualifié conformément au § 5 de l'art. 1, ne sera tolérée nulle part.

ART. 3.

Les aérostats dûment inscrits dans les registres officiels d'un Etat qui sera signataire de la convention internationale mentionnée ci-après, peuvent circuler librement partout et se servir des stations établies dans chaque Etat signataire, pour l'atterrissement et l'ascension des aérostats. Ils doivent toutefois observer les lois de police édictées par des conventions internationales, ou par l'Etat dans le territoire duquel se fait l'ascension ou la descente. Ces dernières lois n'entraveront pas le parcours à une hauteur de plus de 1500 mètres, excepté dans les environs de forteresses dont l'entrée pourra être défendue.

ART. 4.

§ 1. Les aérostats sont réputés faire partie du territoire de l'Etat dans les registres duquel ils sont inscrits, aussi longtemps qu'ils se trouvent dans les airs, sans contact avec le sol, et à quelque proximité qu'ils soient de celui-ci.

§ 2. Toutefois, en ce qui concerne les dommages et lésions causés soit par un aérostat même, soit par les personnes à bord, à des objets ou à des personnes qui ne se trouvent pas à son bord, ni à bord d'un aérostat de la même nationalité, la loi territoriale sera appliquée tant pour la responsabilité pénale que pour les actions en dommages-intérêts.

§ 3. Lorsqu'il est impossible de constater avec une certitude suffisante si, lors de l'évènement donnant naissance à une action pénale ou à une action civile, l'aérostat se trouvait dans la zone enveloppant le territoire d'un autre Etat, on appliquera la loi nationale de l'aérostat.

ART. 5.

Les aérostats affectés au service des Gouvernements porteront des marques qui les feront connaître comme aérostats publics de tel ou tel Etat. Ils jouiront du privilège d'exterritorialité. Mais ils observeront les lois des Etats dont ils franchissent les frontières, et par les mers territoriales desquels ils passent.

ART. 6.

§ 1. Les ballons captifs ne seront pas inscrits dans des registres officiels. Ils ne seront pas installés à moins de 500 mètres des frontières des Etats voisins (art. 30, al. 1 du projet de M. Fauchille).

§ 2. Si par hasard ils s'échappent, les personnes se trouvant à bord seront traitées selon les règles concernant les aérostats.

Etat de guerre (à ajourner).

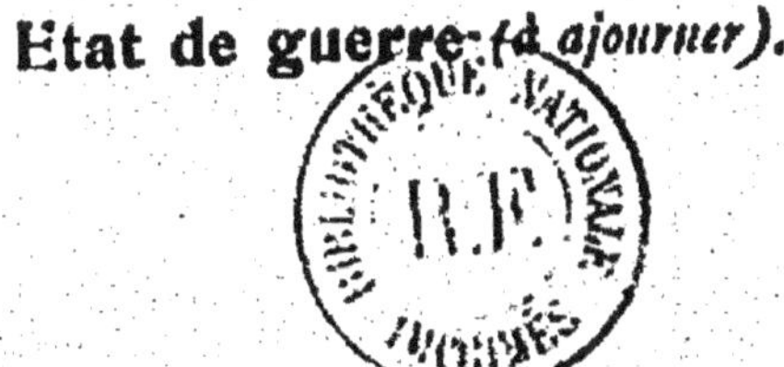

www.ingramcontent.com/pod-product-compliance
Lightning Source LLC
Chambersburg PA
CBHW061831060726
47597CB00008B/3457